AF451978

GUSTAVE COQUIOT

LA SEINE

PARIS
LIBRAIRIE DE L'ART
41, RUE DE LA VICTOIRE

Paru :

LES BALS PUBLICS.

Pour paraître :

LES CAFÉS-CONCERTS.
LA MAISON DES FOUS.

LA SEINE

PARIS. — IMPRIMERIE DE L'ART

E. MOREAU ET Cⁱᵉ, 41, RUE DE LA VICTOIRE

GUSTAVE COQUIOT

LA SEINE

PARIS
LIBRAIRIE DE L'ART
41, RUE DE LA VICTOIRE

LA Seine est un long ruban qui se déroule de cabarets à cabarets, en passant devant des Palais Nationaux et des façades niaises.

La Seine pérégrine lentement dès son entrée dans Paris. Elle n'en finit plus d'aller, très lasse, au pied de cette

vision des hôtels borgnes, ressouvenirs
des chemins de halage, naguère.

En ce coin affirmé de province, ce
coin assoupi des jours sous le plein
soleil, les berges cuites, plus rien ne
demeure, ne va et vient le long des
usines et des baraquements, tout en-
dormi dans les cubes de pierres et de
planches hermétiquement clos. A peine
un chien qui rôde et tous les dix pas
se couche. Les pleins midis vident les
berges; et l'odeur chaude de la Seine
monte, — l'exhalaison seule d'une tisane
qui fume, — de friselis mort, figée et
luisante.

Des cabarets, nés sur ce quai, y demeurent tels qu'ils furent conçus, sans
étage au dessus de la salle où l'on
vidait les cruches de la vendange der-
nière. Et ces cabarets s'en iront à la
ruine, tels, avec leurs inscriptions qui
n'étaient pas fallacieuses alors, — en
ce coin où l'on mangeait à bon compte

des merluchées de poissons, arrosées
de vin de Bourgogne, amené par l'eau.

Sous les tonnelles, la joie des mariniers était le jeu de boules, en des
heures de loisir. Cela conservé, et aussi
une salle de bal où l'on danse aux sons
de la musette, cela prolonge l'agonie
de ces masures; — oh! détrônées aujourd'hui, combien! par des cafés Riche
et des Tavernes Royales.

D'ailleurs, les derniers sarments pous-
sent le long de la Seine tranquille. Les
dernières filles, les aubes, bourrent à
grands coups de poing les édredons —
épouvantails, barrant les fenêtres; et les
homuncules, qui caressent les barriques,
ne verront plus longtemps l'asile. La
Seine, bientôt, sera le miroir des hautes
façades blanches et uniformes; et la
lèpre des talus, l'herbe souffrante et
rare, elle sera anéantie, rasée, pour faire
place à des pelouses toujours vertes,
sous des cieux toujours bleus, toujours

gais, à jamais débarrassés eux aussi de la tristesse des nuages pesants et bas.

En ce temps la Seine flue, épaisse, sous le pont de Tolbiac, semblant près de s'arrêter, gadoue liquide, au pied encore d'hôtels à lanternes. Inoubliables plâtras qui menacent de s'affaisser tout d'un coup quand le soleil les brûle; — ou que, la pluie, comme de la mie de pain, détrempe, vivifiant ces enseignes quasi mortes, triomphe de naguère des lettres fantaisistes, ces mots : *Aux poissons vivants; — A la renommée des Escargots.*

Et ces berges quiètes, les plus rares peut-être qui soient, demeurent ainsi longtemps, des aubes aux crépuscules, — jusqu'au soir, d'assoupissement absolu, — de la vraie nuit ici, du vrai silence, — vivant seulement d'une étoile fumeuse, au front d'une vitre de guinguette, et bientôt morte...

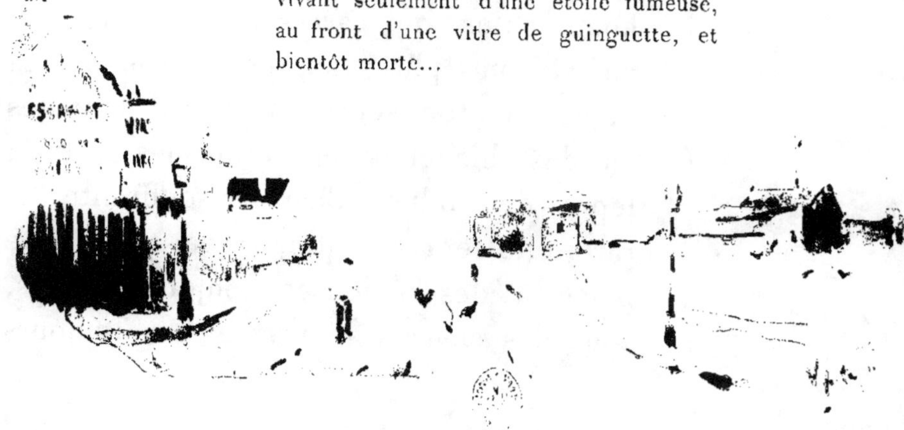

Il semble alors que c'est de la nuit à
jamais tombée, que tout lentement s'ef-
fondre, s'ensevelit sous la poussière
noire que blute le ciel, — que des
jours ne reviendront pas; — et le som-
meil est bon sur ces berges, les soirs
d'été, surtout, avant l'ascension de la
lune, qui fait la route et le fleuve tout
blancs.

Le lendemain, au petit jour, près de
ce pont qui garde le souvenir de la
dynastie napoléonienne, du négoce s'ac-
cuse par la Rapée, en face; — et le
soleil, ce jour que je regarde, dégage
vite la brume des maisons, assises dans
des carrés de jardins, aux tonnelles
pointues, aux treillages prétentieux
d'arcs de triomphe et de colonnes.

Les bateaux grincent, tirent sur leurs
amarres. Parfois, le fleuve a l'air de vou-
loir ambuler un peu plus vite. Puis il

reprend son courant bonhomme, insensible à l'œil, d'une eau qui semble plutôt danser sur place, piétiner en facettes de lumière, et laver à grands pans de flux et de reflux le tartre et la chevelure des pierres.

Les péniches l'oppriment, il est vrai ; et aussi les bateaux-lavoirs, et également l'été, les écoles de natation, — 30 c. cabine comprise. Il ne se dégage un peu qu'au pont d'Austerlitz, où apparaît alors vraiment l'entrée de Paris ; — d'une ville maritime, croit-on, avec la Seine très large, ses bateaux et ses marchés ; un tas de maisons à droite ; — une allée d'arbres tout le long à gauche ; — Notre-Dame prédominante, le Panthéon et du ciel, toujours du ciel.

Au pont d'Austerlitz, où, le dimanche, s'installe une foire minuscule orgues de Barbarie, petites boutiques, — soupes et camelots — et une foule spéciale s'entasse auprès des vendeurs de drogues :

où des Auvergnats du voisinage rôdent,
ne sachant que faire de leurs mains ;
où des filles escaladent en gloussant des
chevaux de bois qui se cabrent et
ruent.

Foire minuscule, où, devant la Rotonde
démodée des Supplices, jouent au palet
des gens ayant des airs de mariniers et
de charbonniats ; — où, parfois, se glissent les transfuges des foires, qui ap-
portent avec eux leurs quinquets fu-
mants, leurs toiles et leurs tams-tams.

C'est, l'été, dans les odeurs des
fritures, dans les poussières âcres des
vieilles défroques secouées, l'entasse-
ment d'une foule parquée, subissant les
sommeils sans bouger de place, gonflée
et suante, hypnotisée par les rouges
criards, les bleus de drapeau et les
blancs... miroirs où les yeux se liqué-
fient et pleurent.

Exsudats des baraques foraines, épaves
des tours de France en déroute, tout le

piètre des malmenés et des tondus de la
misère échoue ici, entre quatre planches,
entre des toiles à voiles, où, dans le
décor de peintures bariolées d'apothéoses
et de jardins d'Éden, sous l'écroulement
de fleurs-monstres et d'animaux-chi-
mères, ils montrent des stropiats et des
hydrocéphales, des femmes-poissons et
des femmes-colosses, offrant sur un
coussin de velours à glands d'or leur
mollet gras et, du bout des doigts,
l'hommage d'une fleur.

La Seine coule luisante dans le fossé
de ses deux quais, et s'opalise sous
l'abat-jour des ponts.

Le fleuve pérégrine..., certes, les
pleins étés, recherché des filles et des
Nocturnes, partout où il y a des coins

sombres et des berges hospitalières,
comme à cette estacade du pont de
Sully, — marché à la ferraille et au char-
bon le jour ; — coin silencieux, le soir,
où ils se baignent en bande, le nez
aux étoiles, en se frappant de larges
tapes sonores.

Là encore, les dimanches, s'installent
des hercules, qui, aux sons démanchés
d'un orgue, font virevolter des poids et
se mettent en sueur, tandis que l'eau
coule, aussi chaude, presque. Sur une
table, en plein soleil, encore, parfois,
une femme est liée avec des cordes ; et
la foule s'attroupe, oh ! de sous peu
dispensatrice ; et qu'il faut aller cher-
cher loin au fond des poches par du
bagout et de la musique !

Des sous, dont on se passerait, si tout
le vin de l'Entrepôt, proche ici, coulait...
es futailles éventrées, les foudres défon-
cés et les formidables coudrets.

Ruisseau qui grossirait, deviendrait

rivière, — et rivière certes bientôt lap-
pée par ces gosiers que rien ne tarit,
que rien n'apaise, elle serait la forti-
fiante liqueur des muscles fainéants sous
ces coups de soleil qui ardent; et, pour
des heures, l'orgue pourrait broyer sa
mélopée, on ne tremblerait pas des
tenailles !

La semaine, remplacent ces hercules
les maigrelets au torse cuivré, de moins
solide aspect et plus roulottiers, qui
s'embesognent sur les berges, d'un côté
et de l'autre de l'île Saint-Louis et de
la Cité, à la Tournelle comme au Pont-
Marie, — ce décor très loin de Paris,
charmante intimité d'un port vieillot,
provincial, tel rencontré au hasard des
villes; où le fleuve a soudain plus d'ans;
où l'eau roule de l'histoire sous les
barques et les chalands qui lui barrent
la route.

Tel vieillit ce port de jadis, où les
blanchisseuses s'endorment de plus longs

jours qu'ailleurs ; remuées seulement par
un coup plus frénétique de battoir sur
le linge mouillé, dans un geste cadencé
et de heurt qui jette en avant l'épaule.

Mais, dépassé le pont de l'Archevêché,
elle se resserre encore, la Seine. Elle
passe très étroite devant Notre-Dame en
arrêt, sur ses pattes appuyée ; et ce n'est
plus de l'eau qui coule, mais l'excrémat
de toutes les gadoues des berges.

C'est alors un fleuve morne qui passe,
un fleuve pesamment chargé des fientes
d'un quartier à l'agonie ; un fleuve où
s'étirent on ne sait quels filaments d'herbes et de cadavres. Eau verte qui suinte
la fièvre, eau de sueur des hôpitaux de
naguère, moribonde de toujours. Fleuve
charogne sur lequel se penche la misère
du viel Hôtel-Dieu, l'antique hôpital
qui demeure avec ses moisissures et ses
lèpres.

Mais ton quartier, ô Villon, vit ses
derniers jours.

Il est certes grand temps de se souvenir, — ou plutôt de regarder, — car
la pioche des démolisseurs éventrera
bientôt les ventres de ses maisons malades, anéantira bientôt à jamais tout le
passé de ce quartier séculaire.

Quelles hideuses casernes à six étages
vont remplacer tous ces plâtras qui ont
souffert? Dans la marche en avant, à
quand le nouvel idéal de la vie par
l'habitation? Ceux qui construisent et
ceux pour qui l'on construit compren-
dront-ils enfin qu'ils ont mission de faire
aimer nos rues, de les border de maisons
plaisantes, où nous puissions aimer et
souffrir sans sauter chaque fois en croupe
de l'Imagination?

A chaque pierre qui tombe, quand les
bois vermoulus s'effritent en poussière,
quand le papier pèle au mur comme
une peau malade, c'est une morte qui
fut bien vivante autrefois, au temps de
René de Montigny et de Colin de

Cayeux, au temps de la Maschecroue et
de Marion Peautarde ; et, ni votre sta-
tuaire, ni vos pilastres corinthiens, ô
modernes architectes, ne pourront faire
oublier la maison à pignon, au toit
pointu, à encorbellement, dont les images
sculptées se baisaient, là-haut, dans le
ciel.

L'hygiène, il est vrai, l'hygiène que
l'on invoque toujours comme excuse,
l'hygiène est meilleure, dit-on, avec les
rues très larges et les façades montant
d'aplomb.

Les pestes ont fui, et aussi les cho-
léras..., mais nous les avons avanta-
geusement remplacés par ces hautes
cheminées qui, quotidiennement, le ma-
tin et le soir, — appréciable changement !
— vomissent des fumées nauséabondes
sentant le cuir et le suif, — et toutes
les charognes que brûlent les fours.

Le Grand Charlemagne, le petit
Pépin, dénomment de même des cafés plus

vastes que ceux de naguère, les cabarets bardés de fer : *A la pomme de pin ; — au raisin de Corinthe ; — au Saint-Esprit.*

Des divans turcs ont remplacé les borgnats où l'on se rossait à coups de piots, après les parties de dés. Mais l'ivresse est-elle meilleure ? et la vie, à mesure que l'on avance, n'approche-t-elle pas de la faillite, de la grande banqueroute finale, de la période mauvaise où l'on n'aura que du dégoût à vivre..., finies les amitiés sincères, défuntes à jamais les amours éternelles !

Déjà des êtres n'aiment plus que le fleuve, qui s'en va plus allègre, vers la mer, — au sortir du Petit-Pont.

Certes, si Henri IV n'était pas de bronze sur son cheval de bronze, il pourrait la voir fluer plus vite, la Seine, aussitôt que dépêtrée de son cloaque. De joyeuses couleurs se mirent alors dans l'eau, piquent une tête et dansent

sous les mascarons qui font agrafe et
bouclent les parapets du pont.

Et là, un instant seulement, il plaît
de fouiller dans les boîtes des bouqui-
nistes, ouvertes sur les parapets. Un
instant..., car de l'ennui vient tôt à visi-
ter ces boîtes, soigneusement passées au
crible, où, à côté de la rare trouvaille
d'un Flaubert ou d'un Baudelaire, d'un
Hüysmans ou d'un Mallarmé, meurent
tant de Pois Chiches, de Cygnes de
Mantoue, maculés d'encre et d'objets
déshonnêtes..., et aussi des doctrinaires
et des rhéteurs.

La Seine atteint l'Académie, les Palais
Nationaux, et devient de nul attrait ; et,
sans vous, les débardeurs du plâtre, les
Pierrots du quai d'Orsay, je ne ferais
jamais le voyage du pont des Saints-
Pères au pont des Invalides

Je voudrais, tant grande est votre
soif, faire couler aussi pour vous les
rigoles de toute l'absinthe arrivée à

Paris, bonheur souhaité de vos gosiers ;
ou encore vous prêter les chaudes
mamelles des nourrices d'ici, qui ambu-
lent deux par deux.

Mais seriez-vous jamais satisfaits ? et
n'est-il pas possible, plutôt, de choisir
un autre métier, un métier humide pas
vrai ? car vous ne savez que trop que
le plâtre dessèche les palais, et blan-
chit l'âme, que vous voyez plutôt verte,
ô touchants siffle-litres, toujours pou-
drés de blanc, Pierrots par force,
mimes de l'éternelle Pantomime, de la
plus réelle toujours, sinon de la plus
gaie.

Mais vous n'êtes pas les seuls, ô
Geindres.

Les soldats et les caporaux en tirent
aussi une de langue après les bonnes
d'enfants et les nounous, quand, la
poitrine offerte, elles sourient à l'en-
fantelet, sur les bancs de la grande
place nue, où, tout au bout, le dôme

reluit comme tout neuf, sous le ciel très bleu.

Ces jours de lâche-caserne, sous les arbres-parasols, l'arlequinade des rubans enchante les porte-sabres qui vont aussi par deux.

Les payses, elles sont vite rencontrées, qu'importe du pays ? pourvu que la chair soit belle et dorée ; que les conversations naissent familières sur le bout des bancs, où les deux hommes, d'abord timides, se serrent des coudes, à l'étroit.

Caricatures faciles, d'hier peut-être, mais d'actualité encore aujourd'hui, comme demain.

Tort indéniable cependant à blaguer cela pérennellement. Car c'est en somme ce qui fait aimer un peu la caserne, ce prestige du sabre et la cocarde au shako. Les bonnes et les nounous, faites pour les soldats, apparaissent, telles, à voir l'air crâne qui

vient à ceux-ci, dès qu'elles les relu-
quent, — lourds d'abord dans leurs chaus-
sures, aux mains maladroites, aux pas
oscillants des ours.

Alors les propos s'éternisent le long
du fleuve.

Puis, le soir, la place quittée toute
chaude, quand enfin tombe le crépus-
cule, après ces serrements de mains,
ces baisers goulus qui n'en finissent
pas, et ces regards très longs où se lit
encore un désir, la promesse de se
retrouver ; — quand des cadavres gon-
flés de bêtes viennent mollement bom-
ber sur la berge, c'est le tour des filles
du Gros-Caillou, amoureuses aussi de
l'émoi des rudes bourrades, des pâmoi-
sons et des étreintes : certes, alors, du
bonheur plein le cœur, et une déli-
vrance du métier quotidien de l'obscè-
ne et dure besogne, leur sexe enfin
satisfait pour jusqu'au retour ici, —
amour...

Et l'eau coule, et c'est si bon là de regarder l'eau couler, tandis que le porte-sabre vous presse longuement la main.

Cet assoupissement bienheureux, cette nuit paisible, ce ciel si mystérieux ! Les femmes riches, oui, ça doit être ça tout le jour, et avec un décor plus beau encore et changeant, comme au théâtre des fois, quand le cœur chavire là-haut, sous le toit, avec des lumières dans les yeux, et qu'on est si heureux, semble-t-il, pour toujours...

Le printemps, les chaudes nuits de l'été, les mélancolies de l'automne reviennent ; et aussi ces petites rousses tachées de son, ces brunes aux cheveux plantés dru, ces blondes si blanches malgré tout, malgré le lent empoisonnement des nicotines, qui vont, attifées à la diable, la tête nue toujours, perdant leur peu de graisse tôt à cette cavalcade des soirs ; — et bientôt plan-

ches graciles avec la longue fuselée du
corps, montant sans bosses, sans val-
lons, atteignant la tête minuscule,
épointée de dents petites et malades, et
si ardente.

Il semble que la vie n'est plus que
dans cette braise d'un œil battant la
fièvre, humide et clair.

Les bras sont minces comme fétus
quand on les touche, et l'on a peur de
serrer ; et puis c'est la toux, les côtes
secouées furieusement, le col épilepti-
que se démenant sur les épaules, l'en-
trechat des jambes folles et des bras
pantins.

La Seine toujours continue son boniment de fleuve paisible et lent.

Boniment chanté devant des cabarets

encore, et non loin d'hôtels très humbles et de concerts de sordide aspect, les chantants à soldats.

Cafés très bons, pourtant, car, l'été, par-dessus la porte-barrière, à travers les lames, passent les refrains de vos chansons et de vos allégresses !

Au populaire qui écoute, dressé sur ses orteils, vous versez l'ébahissement et la joie, et vous ne quêtez pas au dehors. Et vos cabots sont les plus rares d'entre les cabots, et leurs crânes apparaîtraient tondus comme billes de billard, n'était une mèche napoléonnienne, accroche-cœur des filles aux cils rares, les vôtres, celles dont les ventres blessés inquiètent, et si pâles, et si blanches, aux yeux de fièvre, à la trop lourde perruque, déjà perdue, une fois...

Non loin de la Seine, — cabots que l'on voit revenir après une échappée en province, seulement à l'aise en ces parages.

Abris certains où la joie des uns et
des autres se mêle, certains soirs, se
nourrit de railleries et de rires à gorge
grande ouverte ; où d'anciennes amours
renaissent ; où la trêve des jalousies
s'établit ; où, comme des bonheurs vides,
il semble que cela doive durer toujours,
sans rien pour l'amoindrir, sans rien
pour l'effacer...

Et c'est là encore la province le long
du fleuve ; la province, à regarder la
minuscule gare des Invalides à Grenelle,
en suivant le chemin plus doux, de
sable fraîchement apporté.

Un paysage tel, en effet, qu'il s'en
rencontre au cours d'une pérégrination
dans les terres, cette station familiale,
l'aspect placide, où les wagons semblent
beaucoup plus petits qu'ailleurs, comme
pour l'amusette des gens qui veulent se
promener plus vite, voilà tout.

Et les cabarets de là-bas ne seraient
pas comme ceux qui bordent la voie

du chemin de fer, ici ; — mais ces derniers sont, en revanche, peints de
violentes couleurs, inattendues, exquises
pourtant.

Des titres :

Au bout du Monde; — *Hôtel du
Mûrier;* — jardins et bosquets, où des
sarments s'enroulent autour de longues
triques, forment berceaux et dômes, et
vivent juste un été, désséchés et cuits
bientôt par une nature inclémente, d'une
mièvrerie souffreteuse. Feuillage pauvre,
si bellement, laissant passer le soleil,
quand il luit, pour notre joie à le voir
s'étaler en rondelles, en ovales; minces
sous d'or qui dorent les alcools, et
donnent de la vie à des lèvres exsan-
gues, qui ont trop aimé..., à des lèvres
mortes.

Et une autre sensation très douce de
quiétude loin de Paris naît de l'enroule-
ment de la fumée des trains à la canne-
tille des branches.

Soit qu'un train s'en aille vers
Grenelle, soit qu'il s'agisse d'une machine en manœuvre, une longue rêverie
prend dans ces bosquets, similaires à
ceux des banlieues, à respirer l'odeur de
la locomotive, entraînant les wagons ou
ambulant seule, allègrement, très belle
toujours avec son corset de cuivre, —
quand elle ambule lentement ou vite,
bien reluisante ou ternie, noire, en
sueur de sa course.

Et la Seine flue le long de ce quai
d'usines, avec en face Passy derrière
des arbres, de monotone aspect, —
d'intérêt seulement avec les débardeurs
du sable, avec encore l'allée des Cygnes,
cette jetée des soirs, où les couples,
en pente, écoutent la course de l'eau.

Baraquements et usines qui conti-
nuent, s'espacent, alternent avec des
carrés de verdure tenace, broutés par
des chèvres sans chair; — où se rouillent
les déchets du fer, à la pluie; — où se

fendent, au soleil, d'antiques coches, des choses sans apparence, des paires de roues et des cuves, — des larges cuves, telles qu'on en voit sur la Bièvre, où mijotent les cuirs.

Mais ce n'est pas encore toute la Seine et tout Paris. D'autres aspects la révèlent diverse dans un Paris divers, par delà sa ceinture de ville grosse.

Au Point-du-Jour la Seine accélère sa course aux flons-flons des concerts en plein vent, aux cris d'appel des bonneteurs et des filles qui évoluent sur des balançoires entre deux repues de vin bleu, les poings inquiets ou gîtés tout au fond des poches.

Et hebdomadairement, un jour, quand la chaleur est cuisante, quand la Seine roule ses bouffées d'herbes cuites, ses odeurs de tisanes et de bouillons des quatre vertus, ces guinguettes-concerts impudiquement alors induisent à la joie par l'étalage de leurs planches hilares posées à la diable, en rond ou en triangle, au bout ou précédant de menus jardinets, où rutile le plein soleil sur des fleurs et des herbes très pelées.

Et tout de suite il appert que la tristesse ici n'est point, au rebours d'un dire moult célébré par des proses et des huiles; mais plutôt, pour qui considère les choses et les us des hôtes, une bouffonnerie est de gens ingénieux à établir un confort, à monter une palissade, à ériger une mince baraque sur un terrain de louée peu chère, et eux mêmes officiant la semaine en d'autres labeurs.

Seulement leur goût inventif s'en prit à des souvenirs de constructions moins indigentes; et cela les incita à l'incohérence drolatique de la bâtisse de par des planches trop larges, trop pesantes, tenant par miracle au bout de poteaux aiguilles; — et ce fut, la concurrence y aidant, l'imprévu fort plaisant de

frontons de planches circulaires ou
triangulaires, avec ou sans moulures,
des arcs de bosquets Régence, des
frises de chalets singeant le plus beau
style helvète ; — et cet étonnement
certes des voûtes en berceau, — gloire
du treillage ! — osées carrément par
endroits et bancroches en d'autres, au
dessus des rochers simili-rocaille portant
des bouquets de zinc, apothéose du
maniéré, du tarabiscoté, du travail
follement assemblé du bois, — pour
attirer !

Et de fait, rien n'excite plus à
l'amusement de l'esprit que le pérennel
aspect de ces minces guinguettes à
tonnelles, séparées par case, chacune
avec sa petite table et son banc cir-
culaire ! — cette séparation au reste
qui n'est qu'illusoire d'avec le voisin
qui s'appuie contre votre dos et souffle
dans votre nuque, — même alors que
c'est le plein épanouissement de la flore

des triques qui conserve la vie aux treillages arrachés, déjetés, en les enserrant
dans leurs mailles de bois vert.

Les restaurants accaparent le fleuve,
les débits de cervelas alternent avec les
tentes où se débitent les bières; le
cabot larmoie aux sons des pianos et
des orgues de Barbarie, près des
bosquets où grésillent et sautent dans
la graisse les poissons fritures et les
pommes plébéiennes; mais on ne sait où
se gîter pour boire le pissat jaune et
les sirops tournés au sucre. Incertitude
à gagner l'un plutôt que l'autre, un
peu du plaisir à les voir tous, à
s'attarder auprès sans entrer, — à ne
pas suivre la foule tout de même dans
ces exquises tonnelles appauvries; —
ingénieux efforts des ressouvenirs rusti-
ques, — où les matelotes, cuites au vin
roux, sont l'ordinaire lippée des dan-
seurs du *Grand bal du Point-du-Jour,*
où encore des pommes coupées en vrille

dégagent un fumet très âcre de pétrole
et de suif.

Puis, le viaduc passé, un coin de fête
foraine apparaît, un coin de fête pourtant vu seulement ici, offrant des bonneteurs et des guitaristes, près de
vaches que l'on trait à la tasse, de
chevaux de bois galopant par trois, de
balançoires et de jeux de massacres. Et
si l'on va plus loin, si l'on déambule
sur la route incendiée, coudoyant les
gens qui roulent et les faces qui se
boursouflent, c'est encore avec la vue
apaisante de la Seine, sentant parfois
une odeur plus pénétrante d'herbes,
l'alignée de cabarets faits de planches
et de treillis, arborant frénétiquement
pour la concurrence d'inoubliables enseignes : *Au petit Chalet fleuri*, *Au Père
Denis*, ou bien *Au vieux Gugusse, matelote et friture*. Et sous ces tonnelles,
des gens encore s'attroupent et braillent,
en tapant sur les petites tables bran-

lantes, envahissent les balançoires et les chevaux de bois, ou, incités à se jeter à l'eau, — il fait chaud tellement, — se baignent, d'abord le dos bombé au soleil, et l'effroi des femmes, quand, brusquement, « pour faire peur », ils piquent une tête dans l'eau trouble!

Ce temps, en face, par delà l'un des bras de la Seine, on saute ferme au *bal de Robinson*. On embarque! On embarque! Des filles, le chignon nu, à ombrelles rouges ou vertes, et d'autres, des rougeaudes et des circuses, sont enlevées par des maroufles, revêtus de costumes galonnés, coiffés de casquettes empanachées d'une plume; et tous donnent de la voix et exultent, ricanant au bruit des tambours et de la grosse-caisse, qui font fureur là-bas, sous les arbres touffus, sous les dômes de verdure de l'île enfin atteinte.

Mais il arrive parfois qu'une noce vient remplir la barque du passeur

jovial et farce qui s'empresse ; et c'est
alors une scène à la Lavrate qui se
joue, une grosse et suante procession,
ridicule et grotesque, effarante par la
lourdeur des gestes et des phrases, des
allures et des caresses, et énorme en ce
que, malgré soi, l'on guigne le bedon
de l'épousée, que l'on s'attend à voir
s'enfler comme une citrouille, subite-
ment, sous la couvée du soleil des banlieues gaies, en un paysage curieuse-
ment complice par le nom de ces nou-
velles enseignes ici écrites : *Au Père
la Brème, A la Mère la Bûche.*

Puis c'est les revenez-y du Bas-Meu-
don, les restaurants-chalets, les bouts de
bosquets et les bouts d'arbres, — pour
la matelote.

Paysages de Seine, dont c'est tout
le charme ces restaurants-terrasses où
s'accrochent les glycines, — exhaussés
sur des bois peints en vert, un vert
unique, très rare, d'admirable cou-

leur ; — où s'attardent les repas, arrosés
du vin d'ici, du picolo qui tache les
serviettes comme du carmin. Factice et
fausse campagne, nature à la porte de
Paris, où s'érigent un ou deux restaurants plus riches : *A la Pêche miracu-
leuse — Halloppè* — tel, ce nom de
poète grec !

En semaine, l'été, l'eau va placide,
et les restaurants bâillent au soleil,
endormis. La campagne s'assoupit ; — à
peine parfois un cri de blanchisseuses
qui lavent leur linge au fleuve, les
genoux dans des boîtes ; — à peine, de
temps à autre, l'aboiement d'un chien,
— comme très loin.

Puis, en des instants monotonement
réguliers, alors s'entend le sifflet d'un
train qui passe ; — et l'eau déferle douce-
ment, paresseusement, et glissent les
mouches sous les arbres-panaches, le long
des berges, d'abord, telles que d'une province véritable, — et soudain tout de Paris

aux alentours des restaurants-portiques.

Religiosité dans l'intimité, communion dans le désir, telles chez Manet, ici seulement s'évoquent les déjeuners espérés, les gaies aventures au sortir de la ville, les escapades du rut après des journées et des nuits d'hôtel, après l'obligatoire nécessité des divans en velours d'Utrecht.

Jamais femmes ne furent plus désirables qu'ici, sous des coups de soleil, dans des toilettes de crépon et de mousseline, et la peau légèrement moite, ambrée, avec des yeux de gaieté ; — fui le séjour d'ennui, l'ordinaire séjour ; oubliés pour quelques heures les devoirs et les tâches.

Elles sont certes délicieuses, et les seuls convives possibles, quand elles peuvent rire de toutes leurs dents, étaler des gorges capitonnées et blanches. L'ivresse alors fermente plus sûrement qu'avec les alcools, — et aussi les héroïsmes et les espoirs, — pour un instant.

Mais ces restaurants-guinguettes, ces terrasses, d'où l'on plonge tout droit dans la Seine, aussi disparaissent, s'effondrent peu à peu pour laisser la place aux villas-jouets, aux jardins-jets d'eau, aux « Petit Versailles » et aux « Petit Saint-Cloud. »

Dans un temps proche, ce sera l'ère des Concours d'École, des projets impossiblement niais, mis debout avec la singerie des décors-cartons, qu'écailleront les soleils, que détremperont les pluies ; et sur un corps tout petit ce sera la prétentieuse rodomontade des terrasses, des portiques et des tourelles.

Les villas grecques, étrusques, romaines, italiennes, sortiront sans chapeau ; — et l'on gagnera peut-être au change, si cela est incomplètement beau ou incomplètement laid, si c'est quelque chose d'avorté, de grotesque, — si c'est

tout de guingois, bancroche et bossu,
— si le fer veut singer le bois et le
bois le fer. On aura, en plein air, l'équi-
valent de nos Bulliers et de nos Casi-
nos, les ailes d'un Moulin-Rouge, pour
monter l'eau, — et la façade des Folies-
Bergère pour établissement de bains.
Le Bedlam des villas sera dès cet instant fondé. Ce sera une joie grandissante,
un rire inextinguible devant les habi-
tats longuement mûris — par des bour-
geois, — et aussi, pour les humbles, un
peu de vengeance satisfaite. On aura
une collection vraiment rare de porches,
de bows-windows, de terrasses, de frises
émaillées, de bois peints de toutes
couleurs, de briques érigées à rebours
de toute géométrie saine. Cette route de
l'hilarité, on la suivra naturellement jusqu'au bout ; on dressera bientôt les cheminées l'orifice tourné vers la terre ; les
toits se creuseront au lieu de poindre.
La nature, appropriée à l'habitation, sera

également la plus comique de toutes.
Les arbres, les fleurs, y pousseront tor-
turés, travaillés, sens dessus-dessous. Et
le ciel, connivent, fera peut-être ses nuages cocasses, s'ingéniant aux arabesques
du rire et de la démence.

Puis, plus tard, quand ces habitations
hurluberlues pour hurluberlus seront près
de disparaître à leur tour, on les admi-
rera et on les regrettera comme tout ce
qui fut, comme tout ce qui abrita nos
douleurs passées, nos joies défuntes. Et
c'est, peut-être, la consolation des choses
les plus laides et les plus insanes, au
goût du jour, d'avoir, plus tard, quand
elles demeurent, l'admiration de ceux
qui subissent la vie alors, de ceux qui
sont contraints d'aimer en arrière, alors
qu'ils ne peuvent pas aimer en avant.

Moi, j'aurais bien voulu, me conten-

tant du présent, partir au loin sur cette
locomotive qui passait non loin.

Je me disais que le bonheur est seul
aux riches qui peuvent accommoder la
nature à leur goût du moment, à leur
bonne ou mauvaise humeur; le catalo-
gue des pays étant assez complet comme
cela, sans oublier la Chine hilare et le
nord où l'on se paye du soleil à minuit.

Mais tout ce que j'ai pu faire, ce jour,
comme les autres, — ç'a été d'aller en
guetter un autre de train, dans la gare
de Sèvres, où me pourchassait un orage
des mieux apprêtés.

Je suis descendu sur le quai, et j'ai
attendu que la pluie cessât de tomber
en pensant aux émois des départs, aux
tristesses des fins d'amour, aux mou-
choirs que l'on agite, aux adieux et aux
étreintes qu'exagèrent les séparations,
même les plus brèves ; — et aussi à tout
le romantisme, parbleu ! de la machine
Leviathan, du monstre d'acier et de fer,

qui, sous l'averse s'en allait, fumant, hale-
tant, geignant, le dos bombé et solide-
ment d'aplomb sur les roues qu'activaient
les bielles...

Saint-Louis-en-l'Ile, mai 1896.